AF244698

DES FAITS

ET

NON DES MOTS;

SUR

NAPOLÉON IER,

EMPEREUR DES FRANÇAIS.

A PARIS.

Chez Rondonneau, Libraire, rue Saint-Honoré, hôtel de Boulogne, n°. 75.

AN Ier. DE L'EMPIRE.

DES FAITS

ET NON DES MOTS,

SUR

NAPOLÉON IER,

EMPEREUR DES FRANÇAIS.

Le premier qui fut roi fut un soldat heureux.
Qui sert bien son pays, n'a pas besoin d'aïeux.

VOLTAIRE.

LE voilà donc arrivé ce grand jour où la France va reprendre son éclat et sa grandeur, par l'élévation au trône d'un héros qui a su préserver l'Empire de sa ruine, et qui saura le gouverner.

C'est par le récit des faits mémorables que je veux célébrer le sacre et le couronnement de NAPOLÉON Ier Prête-moi ton crayon, illustre Clio, pour tracer au peuple français de grandes vérités : je te laisse la gloire du burin.

A

pour transmettre à la postérité les exploits et les vertus civiques de ce héros immortel.

Si je porte mes regards à la fin du dix-huitième siècle, je vois en 1791, la France gouvernée par un prince foible, malheureux, et le jouet de tous les partis : je vois les torches de la discorde allumées aux quatre coins de l'Europe, et la France cernée de toutes parts, par les puissances du continent, qui jurent d'en souiller le sol et de se la partager.

De nombreux bataillons s'organisent, ils volent à la frontière ; l'esprit de la liberté enflamme le soldat, chacun d'eux devient un héros ; quelques traîtres les mènent au combat, plusieurs milliers de braves sont sacrifiés, et néanmoins le génie de la victoire couronne leur valeur.

Des gouvernans ambitieux, ineptes, cupides, et immoraux, abusent de leurs pouvoirs ; ils se servent du peuple, comme d'un échelon, pour usurper la souveraineté nationale. Les uns couvrent d'échafauds le sol français, exercent leur tyrannie, en prêchant la liberté ; les autres, par une jactance inconcevable, veulent faire du continent une république universelle.

Quelques souverains tremblent pour leurs Etats ; des traités d'armistice sont signés sur le champ de bataille, et des conditions de paix sont arrêtées dans plusieurs cabinets de l'Europe ; mais hélas ! osons le dire, au moment où on signe l'acte d'union, des énergumènes révolutionnent le pays qu'on paraît respecter ; dès-lors plus de confiance dans les traités ; quelques peuples se révoltent contre leur souverain ; les gouvernans français, au nom de la liberté, prêtent des armes aux révoltés ; les traités d'armistice ou de paix sont rompus, les souverains de l'Europe se liguent de nouveau, la guerre se rallume, des hommes en place profitent de la crédulité de leurs concitoyens ainsi que de la bravoure du soldat, et ils se servent des bras du vainqueur pour s'enrichir des dépouilles du vaincu.

Du sein de tant de calamités sort l'enfant chéri de la victoire ; c'est à un siège qu'il va faire ses premières armes, c'est contre de fiers insulaires qu'il va diriger ses premiers pas dans la carrière militaire.

A peine quatre lustres sont-ils sur la tête de Bonaparte (1), qu'en qualité d'officier d'ar-

______

(1) Il avoit vingt-deux ans lorsqu'il fut au siège de Toulon.

tillerie , il marche vers Toulon ; il n'y commande pas en chef, mais ses conseils et sa tac-
tique, dans la direction de l'artillerie, obligent
bientôt les Anglais à quitter ce port impor-
tant et à reprendre le large.

Un jeune homme de vingt-deux ans ne doit
pas avoir les honneurs de la reprise de Toulon, c'est le chef qui le commande, cependant
Bonaparte est remarqué parmi les hommes de
son corps, et il est désigné au Gouvernement
comme un officier distingué.

Aubry, le farouche Aubry, investi de grands
pouvoirs par la Convention nationale, dans le
comité militaire, prend seul de l'ombrage ; il
craint les talens de Bonaparte, et il abreuve de
dégoûts celui qui doit devenir un des plus
grands capitaines de l'univers.

Semblable au philosophe qui considère de
sang-froid l'intrigue et la jalousie, Bonaparte
reste dans son coin et attend le moment où il
pourra se montrer tel qu'il est.

Il arrive le fatal instant, celui où la discorde
planant au milieu de Paris, arme les Français
les uns contre les autres : les haines, les vengeances ; en un mot, toutes les passions se dé-
veloppent sous le prétexte de rétablir la mo-
narchie en France, et malheureusement le sang

coule ; mais bientôt s'éteignent les torches de la discorde prêtes à embrâser la capitale. S'il est pénible de rappeler ces instans douloureux, il est glorieux pour Bonaparte d'avoir concouru à rétablir la tranquillité dans une ville aussi populeuse et déchirée par tant de factions. (13 vendémiaire an IV.)

J'ai dit en l'an 9 (1801) :

« Quelques cyprès élevés sur la tombe des
» victimes du 13 vendémiaire ont épargné à
» la France entière une guerre civile qui aurait
» occasionné la désorganisation du Gouver-
» nement, et auroit servi l'animosité de tous
» les partis : certes, il eût été à souhaiter que
» le Gouvernement de 1789 eût montré la fer-
» meté des chefs de vendémiaire ; le fer, le feu,
» les proscriptions et les émigrations n'auroient
» pas dépeuplé la France. »

Ce n'est pas dans ces cruelles opérations qu'ont brillé le génie et la gloire de Bonaparte, c'est à la tête d'une armée sans pain, sans vêtemens, sans paie et en face de l'ennemi qu'il va déployer ses talens militaires : on lui dit au moment de partir, *vous êtes bien jeune* (26 ans), *pour commander une armée. — J'en reviendrai vieil,* répond-il. En effet, est-il militaire blanchi sous le harnois, qui ait enfanté prodiges semblables à ceux de la première campagne d'Italie ?

Bonaparte placé au pied des Alpes, avec une armée dénuée de tout, enflamme ses compagnons d'armes par ces mots : « Soldats, vous » voyez ces montagnes, vous devez les franchir ; bientôt vous entrerez dans ces plaines » fertiles ; là, vous trouverez du pain, des vêtemens et des munitions en tout genre ; là, » vous serez vainqueurs, et vous jouirez de vos » conquêtes. Soldats, comme vous je coucherai sur la paille au sein des camps ; comme » vous je partagerai la misère et l'intempérie » des saisons ; comme vous enfin, je serai » vainqueur. »

Bientôt la prophétie de Bonaparte se réalise ; les Alpes sont franchies, les premiers combats sont sanglans ; bientôt les champs de *Montelé-simo*, de *Millésimo*, de *Lodi*; les forts et citadelles de *Mondovi*, *Pizzightone*, *Milan*, *Pavie*, *Crémone*, *Peschierra* et *Vérone* ; les fleuves du *Pô*, de l'*Adda*, le pont d'*Arcole* enfin, sont témoins de la valeur du héros : partie de l'armée ennemie, aux ordres des généraux Beaulieu et Provera, reste sur le champ de bataille, et l'autre partie fuit devant le vainqueur.

L'Empereur d'Allemagne, séduit par l'or

des Anglais, et trompé par ses courtisans, ignore la défaite de ses armées ; mais lorsqu'il apprend que le Héros français est à trente lieues de sa Capitale, il craint pour ses Etats ; il reçoit des offres de paix qui lui sont faites par le vainqueur : les préliminaires de Leoben sont signés le 23 Germinal an V (18 avril 1797), et la forteresse de Mantoue tombe au pouvoir des Français le 14 pluviose an V. L'armée française marche sur Rome ; Bonaparte ordonne le respect le plus profond pour la religion, pour les ministres du culte, qui ne s'écarteront pas des principes de l'évangile ; et dans une lettre au Pape Pie VI, il l'assure de sa profonde vénération pour la personne sacrée de sa Sainteté : il engage le Souverain Pontife, à se méfier des personnes qui l'entourent, et qui sont vendues aux ennemis de la France ; enfin, un traité de paix entre la Cour de Rome et la France, est signé le premier ventose an V.

Après la réddition de Mantoue, Bonaparte fait une proclamation à son armée, dont voici l'extrait.

« Soldats ! la prise de Mantoue vient de finir une campagne, qui vous a donné des titres éternels à la reconnoissance de la Patrie. Vous avez remporté la victoire dans quatorze batailles rangées, et soixante-dix combats ; vous avez fait plus de cent mille prisonniers ; pris à l'ennemi cinq cens pièces de canon de campagne, deux mille de gros calibre et quatre équipages de pont. Le pays que vous avez conquis, a nourri, entretenu et soldé l'armée pendant toute la campagne, et vous avez envoyé trente millions au ministre des finances, pour le soulagement du trésor public ».

« Vous avez enrichi le muséum de Paris, de plus de trois cents objets, chef-d'œuvres de l'ancienne et de la nouvelle Italie, et qu'il a fallu trente siècles pour produire ».

« Les Républiques Lombarde et Cisalpine, vous doivent leur liberté : les Rois de Sardaigne et de Naples, le Pape, et le duc de Parme se sont détachés de la coalition de nos ennemis, et ont brigué notre amitié : vous avez chassé les Anglais de Livourne et de la Corse, mais vous n'avez pas encore tout achevé.... De tant d'ennemis qui se coalisèrent pour étouffer la République à sa naissance, l'Empereur d'Allemagne reste seul devant vous..... Nous ne trouvons d'espérance pour la paix, qu'en allant la chercher dans le cœur des Etats de la maison d'Autriche....etc., etc. ».

C'est ainsi que Bonaparte, aussi brave que

pacificateur, oblige l'Empereur François II à la paix; le traité de Campo-Formio est signé le 26 vendemiaire an VI (17 octobre 1797). L'Empereur d'Allemagne, reconnaît donc la République française, et cette France, qu'on avoit juré de se partager, augmente son territoire des riches provinces de la Belgique, et du Palatinat; des forteresses de Mayence et de Luxembourg : enfin, le Rhin sert de limites aux deux puissances. Tel est le fruit de la première campagne de l'armée d'Italie, commandée par le général Bonaparte.

C'est à Rastadt que doit être frappé du sceau des Puissances, cet acte de paix; Bonaparte doit mettre la dernière main à l'œuvre; mais le Directoire de France, qui ne veut que la guerre, tout en parlant de paix, enfante de nouveaux projets, et ouvre une nouvelle carrière au vainqueur d'Italie.

Bonaparte, bouillant d'une ardeur belliqueuse, qui, d'un côté ne veut que combattre et vaincre, et de l'autre a lieu de craindre pour sa personne, s'il n'obéit pas à la puissance directoriale, part pour Toulon (15 floréal an VI), et va se préparer à cueillir de nouveaux lauriers. Bientôt la Méditerranée reçoit le Héros d'Italie, bientôt Malte lui ouvre ses portes (25 prairial an VI.); bientôt les bords du Nil et les sables brûlans d'Egypte, sont témoins de sa valeur : chaque jour est un combat, chaque jour est une victoire, et chacune de ses actions, tant civiles que militaires, attache une feuille de lauriers à la palme que lui offrent les Egyptiens.

Tandis que le héros des deux mondes se couvre de gloire, l'intrigue dirige les opérations du congrès de Rastadt : dix-huit mois se passent en vains débats : les plénipotentiaires français ne parlent que de paix, et leur gouvernement rallume les torches de la guerre, par des prétentions et des demandes ridicules. Enfin cette farce diplomatique se termine par l'assassinat des ministres français, et les rives du Rhin vont encore être teintes du sang des victimes de l'ambition et de l'ignorance.

La victoire, jusqu'alors constante aux drapeaux de la République, ne veut pas être la dupe du Directoire français; elle abandonne ses enfans; un homme inepte et immoral commande cette armée d'Italie, qui, naguères voloit de victoires en victoires : plusieurs milliers de braves périssent, autant par la misère que par le fer de l'ennemi. Les places fortes d'Italie sont livrées aux autrichiens; la République Cisalpine, reconnue par l'Empereur d'Allemagne au traité de Campo-Formio, est dissoute, et les Français en fuite, arrivent aux frontières de leur patrie prête à être envahie.

Les soldats français, courbés sous le poids de la misère, tandis que quelques-uns de leurs généraux sont gorgés de richesses, regrettent chaque jour le héros qui les a menés tant de fois à la victoire : le citadin français, accablé de *persécutions, réquisitions, emprunts-forcés, otages, etc., etc.*, reclame à grands cris le vainqueur d'Italie. La Providence sourit à leurs vœux, et Bonaparte, traversant les mers au milieu des flottes ennemies, touche le sol français à Frejus, le 17 vendemiaire an VIII. Son retour paraît un songe ; arrivé à Paris, il échappe à l'enthousiasme et aux clameurs populaires ; il travaille en secret à la restauration de sa malheureuse patrie, et au milieu des brumes de l'an VIII, l'horison politique reprend une clarté vivifiante, qui caractérise le DIX-HUIT BRUMAIRE.

Bonaparte prenant les rènes de l'Etat, en sonde les plaies ; il en connoît la profondeur, il va chercher le remède. Pour l'opérer, il a besoin de toute la confiance des hommes d'Etat, sages et éclairés ; son talent est de les choisir. Sans égard pour les diverses opinions, il ne connaît que le talent et le mérite : il éteint les haines et les vengeances, en prenant les hommes d'Etat dans toutes les classes. Si quelques-uns sont jaloux de sa gloire, il les force à être calmes et reconnaissans. Ensuite, il fait une proclamation aux Français, dans laquelle il leur dit : « Dans quel état j'ai laissé la France ; dans quel état je la retrouve ! Je vous ai laissé la paix, je retrouve la guerre ; je vous avais laissé des conquêtes, et l'ennemi presse vos frontières ; j'ai laissé vos arsenaux garnis, et je n'ai pas trouvé une arme : vos canons ont été vendus ; le vol a été érigé en système ; les ressources de l'Etat sont épuisées, on a eu recours à des moyens vexatoires, réprouvés par la justice et le bon sens : on a livré le soldat sans défense. Où sont-ils, les braves, les cent mille camarades que j'ai laissé couverts de lauriers ? que sont-ils devenus ? Ils sont mort !..... »

D'après ce tableau réel et effrayant, point de doute que la France ne fût à deux doigts de sa perte ; mais Bonaparte paraît, la confiance renaît. Bonaparte reçoit le titre de Premier Consul, le 22 frimaire an VIII : les autorités supérieures le qualifient de *conquérant de l'Italie, de législateur d'Egypte ; de héros d'A-boukir*, et lui destinent le plus beau titre encore, de *pacificateur de l'Europe*. Bonaparte revêtu de l'autorité suprême, abolit ces loix tyranniques, qui révoltaient le tiers des habitants de la France, et principalement ceux des départemens de l'ouest. En même-tems qu'il menace d'une guerre sans exemple, ces infortunés Français, séduits, égarés et opprimés, il leur offre l'olivier de la paix, le pardon et l'oubli de leurs fautes passées : bientôt Bonaparte éteint les torches de la guerre civile dans ces malheureuses contrées ; bientôt, il devient le pacificateur de la Vendée.

Le premier soin de Bonaparte en acceptant les rènes de l'Etat, est de réorganiser les administrations civiles et militaires ; des hommes éclairés sont attachés aux finances ; les rentiers de l'Etat, touchent le peu que les loix révolutionnaires leur ont laissé. Plusieurs de ses braves compagnons d'armes, sont à la tête des armées ; le citadin français, espère et se réjouit, et le courage du soldat se ranime.

Tandis que Bonaparte veut confirmer l'opinion qu'on a de son génie diplomatique ; tandis qu'il envoye dans les Cours étrangères des hommes instruits, dignes de représenter la Nation ; tandis, enfin, que leur mission est de porter des paroles de paix aux souverains qui

sont en guerre avec la France, il aiguise ses
armes, pour obliger de nouveau l'Empereur
d'Allemagne, à exécuter les articles du traité
de Campo-Formio. A sa voix, se forme une
armée de réserve, qui, bientôt, va devenir ac-
tive sous son commandement : il quitte les
grandeurs du trône, la vie douce et paisible
des souverains ; il abandonne son palais, pour
partager les fatigues et les périls de la guerre,
au milieu de ses camarades d'armes.

Des obstacles immenses se présentent à sa
vue ; rien ne l'arrête : les montagnes les plus
hautes se fendent ou s'abaissent sous ses pas :
cette *armée de réserve*, franchit les Alpes et le
sommet du Saint-Bernard, devient le camp
des Français.

A sa vue, l'armée d'Italie reprend toute sa
vigueur, réorganisée et dirigée par des braves
dignes du héros qui commande en chef : elle
marche de victoires en victoires. Le moment
décisif arrive, et la France est de nouveau
sauvée, par la célèbre bataille de Maringo
(le 25 prairial an VIII).

L'histoire recueillera les paroles de Bonaparte, dans cette journée mémorable, et elle
ne citera pas moins celles du général autri-
chien (Melas). A peine Bonaparte, parcourant

les rangs , eut-il dit à ses soldats : *Souvenez-vous que j'ai l'habitude de coucher sur le champs de bataille ; que bientôt la victoire se* décide pour les Français, et que Melas envoye dire au vainqueur : *Pour Dieu , monsieur le général, faites cesser le carnage ; je consens à tout*.....

La bataille de Maringo , exige de nouveaux préliminaires de paix : elle rétablit le traité de Campo-Formio ; redonne à la République cisalpine , une nouvelle existence : douze places-fortes d'Italie , sont livrées pour otages aux Français, jusqu'au moment de la signature du traité de paix définitif, entre l'Allemagne et la République française , qui doit être donnée dans un congrés à Luneville.

Bonaparte , rassasié de triomphes , rentre à Paris ; il rétablit l'harmonie entre la France et les Etats-Unis d'Amérique, et charge son auguste frère Joseph, de signer le traité d'union (9 vendemiaire an IX).

L'Empereur d'Allemagne, loin de réaliser, de suite, les promesses de Melas, lors de la défaite de son armée à Maringo , reste sous le joug du Gouvernement Anglais ; il déclare , par son ministre à Paris, qu'il ne peut traiter de la paix avec la France, qu'en présence des plénipotentiaires Anglais. Bonaparte, comptant sur la brave armée du Rhin, et sur les talens militaires du Chef qui la commande, ordonne d'attaquer l'armée d'Allemagne, et de la poursuivre jusque dans ses derniers retranchemens : l'ordre est aussitôt exécuté que donné ; l'armée du Rhin rivalise en bravoure, celle d'Italie ; et le 12 frimaire an IX, le vainqueur d'Hohenlinden écrit au ministre de la guerre, que la victoire, toujours fidelle aux Français, a mis en déroute l'armée autrichienne et que les vainqueurs sont possesseurs de quatre-vingt bouches à feu, deux cents caissons, dix-mille prisonniers, dont trois généraux, grand nombre d'officiers, etc.

L'archiduc Charles reconnaît la supériorité des armes françaises ; il désille les yeux de l'Empereur son frère, sur les menées du gouvernement anglais, et le souverain d'Allemagne donne des ordres au comte de Cobentzel de signer le traité de paix de Lunéville sans le concours des Anglais.

Ce traité définitif, (en date du 20 pluviose an IX) rétablit les relations amicales entre les deux puissances, et le sang humain cesse de couler.

Bonaparte ne borne pas ses soins à faire la paix continentale, il la veut avec l'Angleterre,

il l'obtiendra ; mais auparavant il consolide le
traité de Lunéville par son intervention à la
diète de Ratisbonne, pour, de concert avec
l'Empereur de Russie, régler les intérêts di-
vers des princes d'Allemagne. Le 8 septem-
bre 1802 (21 fructidor an 10), la diète prend
un *conclusum* par lequel elle adopte le plan
d'indemnités proposés par les souverains ci-
dessus cités.

Les relations amicales se rétablissent avec la
Russie, la Suède, le Danemarck et la Porte :
le roi de Sardaigne consent à rester à Cagliari ;
celui de Naples recouvre son autorité royale ;
la cour de Rome reprend sa splendeur, par la
protection spéciale que le chef de l'Etat accorde
à la Religion : le grand duché de Toscane est
érigé en Royaume : la république Cisalpine,
la Hollande, l'Espagne, la Suisse, la Ligurie,
sont alliées à la France : le 9 vendémiaire
an X des préliminaires de paix sont signés à
Londres, et le 15 dudit mois la paix est signée
avec le Portugal. Enfin, le traité définitif avec
l'Angleterre est signé à Amiens, le 4 germinal
an X.

Un pirate qui prend rang parmi les souverains (le Dey d'Alger), insulte le pavillon français, il exige vingt-mille piastres du gouver-

nement. Bonaparte lui dépêche un envoyé, et lui écrit : « Dieu a décidé que tous ceux qui seraient injustes envers moi, seraient punis : si vous voulez vivre en bonne intelligenceavece moi, il ne faut pas que vous me traitiez en puissance faible. etc. Le Dey d'Alger, déclare qu'il veut être l'ami de Bonaparte ; il renonce aux vingt-mille piastres demandées, et il rend trente-cinq chrétiens, qu'il renvoie en France sans rançon.

Bonaparte triomphant partout, cimente ses victoires, par l'organisation définitive de la République Cisalpine : il convoque à Lyon, une assemblée des notables du pays qu'il a conquis. Les honneurs de la présidencede ce gouvernement naissant, lui sont décernés le 5 pluviose an X, et cette nouvelle république, par sa position, forme un beau rempart à l'Empire français.

Bonaparte, au milieu de ses travaux militaires, n'oublie rien pour assurer la fortune, la liberté et l'existence du citoyen français ; il donne l'ordre de rédiger un code civil.

Bonaparte, victorieux et souverain de la France régénérée, peut-il laisser la colonie de St.-Domingue, aux ordres de Toussaint Louverture ? peut-il souffrir l'indépendance de ce pays ? la postérité même, n'aurait-elle

pas reproché au héros des deux mondes, d'a-
voir laissé détacher cette île de la république
française! oui, sans doute. Mais que fait Bonaparte? il connaît les talens militaires de Toussaint Louverture; il apprécie les services essen-
tiels que ce chef des Noirs a rendus à la colonie ;
il approuve même comme *réglement*, la cons-
titution donnée aux insulaires, mais il exige,
qu'on reconnaisse la souveraineté de la France,
et qu'on s'en déclare dépendans. A cet effet, il
écrit le 27 brumaire, an X, à Toussaint Louverture, une lettre pleine de bonté et d'intérêt
pour sa personne; il lui offre fortune, honneurs
et dignités; il lui renvoie ses enfans, qu'il pou-
vait garder pour otages : il lui dépêche un de
ses proches parens, interprète de ses sentimens ;
mais à l'approche des Français, Toussaint Louverture annonce des vues hostiles : il se déclare
souverain de la Colonie; les parlementaires
français sont reçus à coup de canon. Dès-lors,
plus de pourparlers; la Colonie devient le
théâtre d'une guerre sanglante; Toussaint et
ses bandes sont vaincus; lui, ainsi que ses vas-
seaux, éprouvent les malheurs dont ils ont été
menacé par Bonaparte, dans sa lettre du 27
brumaire. La France finit enfin, par perdre
cette colonie, gouvernée aujourd'hui par le

féroce Dessalines, qui s'abreuve du sang des colons, et qui tôt-ou-tard paiera de sa tête, tous ses forfaits.

Bonaparte, qui saisit tout ce qui peut être utile à la France, desire un ordre immuable dans le gouvernement de la Suisse, il conçoit un plan d'organisation convenable aux mœurs du pays : les députés des diverses opinions, viennent à Paris ; il écoute les réclamations de chacun, il les rallie tous autour de la charte constitutionnelle ; et en éteignant les factions, il renoue l'antique amitié du bon voisinage, si nécessaire au peuple des deux nations.

Pendant cette série de faits, qui tous tendent au bonheur de la France, et que personne ne peut révoquer en doute, Bonaparte est en proie au fer des assassins : le gouvernement Anglais le reconnaît pour le premier magistrat de la république, et son or vomit sur les côtes et au sein de la France, des monstres qui ne vivent que dans le désordre, l'anarchie et le pillage. Mais le Génie qui conserve Bonaparte à la France, le préserve des coups que l'on cherche à lui porter ; il échappe comme par miracle à leur fureur, et principalement aux poignards (18 vendemiaire an IX, à l'Opéra), et à l'explosion de la machine infernale (3 nivose suivant).

Le Sénat, dépositaire de la charte constitutionelle, sait apprécier les hauts faits du héros, il propose que Bonaparte soit consul à vie. Des registres sont ouverts à cet effet, pour recevoir le vœu des Français; le nombre des votans, est de 3,577,259, et 3,568,185 votent pour l'affirmative.

Cette nouvelle dignité, si justement acquise par Bonaparte, semble reveiller les passions; quelques mécontens, quelques jaloux) car il y en a toujours eu), s'attachent au faible reste des partisans de l'ancienne dynastie; comme des frelons qui bourdonnent sans cesse, ils se réunissent dans les cercles; ils lâchent des sarcasmes, des épigrammes, ils poussent la calomnie jusqu'à citer le mot d'*usurpateur*, et ils méditent la perte de celui qui, bien loin d'avoir usurpé le trône français, a sauvé la France du précipice où elle devait être plongée en l'an VIII.

Bonaparte, dédaignant ces clameurs populaires; persuadé qu'on ne peut régner sans avoir des ennemis; (1) ayant placé le faisceau d'armes

---

(1) L'histoire ne fournit-elle pas plusieurs exemples jalousie et de vindication contre les souverains ?

au temple de la Victoire et de la Paix, continue sa carrière diplomatique, et entretient une parfaite union avec toutes les Puissances. Ses armes ont augmenté le territoire français; son génie politique fait fleurir les manufactures, et les fabriques de toute espèce : sa présence dans les diverses contrées de la France, a encouragé manufacturiers, fabriquans et ouvriers. Membre de l'Institut, il prouve la protection spéciale qu'il accorde aux sciences et aux arts. On voit sur la surface de l'Empire français, des routes ouvertes même au sein des montagnes ; un grand nombre des anciennes

---

Jacques Clément ne va-t-il pas commettre un régicide à Saint-Cloud, sur la personne d'HENRI III ?

Ravaillac ne frappe-t-il pas le bon et vertueux HENRI IV au milieu du peuple de Paris qui le chérit et l'adore.

Damiens n'a-t-il pas attenté aux jours de LOUIS XV, surnommé *le Bien-Aimé ?*

LOUIS XVI enfin, qui n'avait d'autre défaut que trop de faiblesse, n'a-t-il pas été la victime de ceux qui l'entouraient, et n'a-t-il pas subi le sort d'un criminel ?

BONAPARTE, tenant les rênes de l'Etat avec autant de fermeté que de sagesse, saura rompre tous les projets des intrigans avec autant de gloire qu'il a vaincu les nombreuses phalanges des ennemis de la France.

sont réparées : on voit enfin , ouverture de canaux, construction de ponts , de quais , de fontaines publiques , démolitions de maisons dans
les villes , pour la salubrité de l'air , des rues
nouvellement percées , pour l'embellissement
de la Capitale ; des acqueducs superbes , pour
l'écoulement des eaux , la réparation et l'achevement enfin, de ce monument superbe (*le Louvre,*
ou *Palais des Sciences et des Arts*), dont une
partie était sans couverture depuis longues
années , et abandonné par les rois de la dernière race.

Au milieu de ces immenses travaux, Bonaparte récrée à grands frais, la marine française ; il prévoit qu'un jour, la France aura
besoin de vaisseaux pour arrêter l'ambition
d'un gouvernement, qui s'est adjugé l'empire
des mers.

Autant le vrai Français admire l'infatigable
sollicitude de Bonaparte , autant le gouvernenement anglais fulmine ; il voit nos manufactures et fabriques rivaliser les siennes en qualité : il n'ignore pas l'activité qui règne dans
nos arsenaux ; il craint le génie et la valeur
de Bonaparte ; il ne veut pas attendre que notre
marine soit rétablie , et il commence par piller
sur mer, nos vaisseaux, sans aucune déclaration

de guerre préalable. Le gouvernement Français, ne peut et ne doit voir de sang-froid, un tel mépris du droit des gens, et la violation de tous les traités; il en demande raison. Le gouvernement anglais, pour toute réponse veut, au mépris du traité d'Amiens, garder les clés de Malte, ou plutôt celles de la Méditerranée.

La France n'est pas dupe de cette réponse; elle sent parfaitement que Malte n'est encore qu'un prétexte, dont se servent les Anglais pour lui faire la guerre, et ne pas lui donner le tems, ni de rétablir sa marine, ni de se livrer toute entière à l'augmentation et à la perfection de son commerce. Dès-lors, plus de bonne foi dans les traités; dès-lors, plus de paix, et on voit une nouvelle rupture entre la France et l'Angleterre.

L'univers entier sait, qu'en tems de paix comme en guerre, l'Angleterre a eu depuis quinze ans à sa solde, *une armée de Condé*, composée de Français malheureux et errans, et commandés par d'illustres fugitifs, qui ne peuvent et ne veulent rentrer dsns leur patrie que par la force des armes.

Le gouvernement anglais a des guinées, il lui faut des hommes; il solde les uns, et il soudoie les autres : les premiers attendent le moment favorable sur les frontières, et les derniers intriguent au sein de la France. Ainsi, d'un côte l'Anglais espère sur la force des armes, et de l'autre, il compte sur l'assassinat et le pillage. O chimère !....

Bien sot, qui croirait que la cause des malheureux Bourbons, intéresse l'Angleterre ; non : l'asservissement de la France, la distribution de son territoire, voilà ce qui intéresse le gouvernement anglais. Hélas ! n'en avons-nous pas la preuve, par la triste expédition de Quiberon, où les Anglais se sont couverts de honte et d'ignominie à la face de l'univers. Non, je ne sais pas comment une puissance amie de l'humanité, peut faire cause commune avec le gouvernement anglais.

Si je passais sous silence un fait tragique, en date du 30 ventose an XII ; fait, que l'historien recueillera, et que l'histoire transmettra à la postérité la plus reculée : on m'accuserait de faiblesse ou d'adulation envers l'autorité qui gouverne ; mais sans vouloir pénétrer dans le secret des cabinets, je me borne à faire la reflexion que tout homme sage doit faire ; et je dis : si en 1789, l'infortuné Louis XVI eut par une mesure semblable, arrêté l'ambition d'un prince de sa maison, il serait encore sur le trône de France, au sein de sa famille ; il n'y aurait eu ni émigration ni guerre au dehors, ni échafauds ni famine dans l'intérieur ; et conservant son existence, il aurait évité la mort de plus d'un milion de Français.

Je dis donc, que l'Angleterre a une *armée de Condé à sa solde*. Eh bien ! quand l'Angleterre pille nos vaisseaux, quand elle viole ses traités, quand elle soudoie dans l'intérieur, les assassins du Premier Consul ; quand enfin, on instruit un procès criminel contre les agens de ce cabinet corrupteur, on voit sur les rives du Rhin, des hommes qui, avec le caractère de ministre, font le vil métier d'espions, d'embaucheurs, et méditent l'assassinat. Que voit-on encore sur les rives du fleuve ? un prince de la maison de Condé. S'il n'a pas une forte armée à ses ordres, il forme un noyau à trois lieues de nos frontières. Fugitif et proscrit, que venait-il faire ? quel était son but ? c'est ce que tout homme sensé doit se demander. Venait-il soulever les habitans des frontières ? espérait-il se faire livrer les places fortes du Haut et Bas Rhin ? s'il eut réussi, pouvait-il croire que Bonaparte eut laissé partager la France ? eh bien ! qu'en aurait-il résulté ? qu'il aurait péri encore cinquante mille hommes pour reprendre des frontières et des places , prises par l'insouciance , ou l'impéritie du gouvernement français.

Quelque soit terrible et malheureux , l'évènement du 3o ventose an XII , il a peut-être encore une fois sauvé la France de l'anarchie. Envain, me dira-t-on que les Bourbons ont oublié leurs malheurs et les crimes de quelques Français, que leur âme n'est, et ne sera jamais livrée au ressentiment et à la vengeance. Hélas! la nature l'emporte toujours sur toutes les considérations politiques ; et je suppose encore, que les Bourbons soient entièrement décidés à oublier le passé. En reprenant le trône de leurs ancêtres , ne seraient-ils pas au nombre de tous les souverains qui , entourés de flatteurs et de courtisans , font souvent beaucoup de mal sans le savoir. Or , les Bourbons ont fui ; ils ont abandonné les chefs de leur famille au fer des assassins , ils doivent vivre éloignés d'une terre natale, sur laquelle ils devaient vaincre la tyrannie révolutionnaire , ou périr victimes de leur attachement et de leur dévouement.

Le Sénat calculant les services réels de Bonaparte, et la nécessité de donner un titre imposant au chef du gouvernement, décerne à ce héros, par un sénatus-consulte en date du 28 floréal an XII, le titre d'Empereur des Français, sous le nom de *NAPOLÉON PREMIER*.

Pour préserver l'empire de nouvelles secousses, et prévenir les troubles qu'entraîne souvent le principe électif, le Sénat soumet au peuple français, la question de savoir, si le trône sera héréditaire dans la famille du nouveau souverain. Des registres sont établis dans toutes les communes de France, et le résultat, est que l'hérédité a été votée par 3,572,329 citoyens français.

On remarque, qu'en cette occasion, le nombre des votans, est plus considérable qu'en l'an VIII et l'an XII, lorsque le peuple conféra à Bonaparte la dignité de Premier Consul, et ensuite celle de Consul à vie. On estime encore, que les femmes, les mineurs, les hommes en état de domesticité, les absens, les malades et les indigens qui ne votent pas, forme les cinq sixièmes de la population ; qu'en conséquence, les votes ont été émis par la masse de la Nation, par les hommes qui forment le corps de l'Etat.

Au moment où je termine cet opuscule, avec quelle admiration je vois NAPOLÉON I.ER respecter la religion dans la personne du Souverain Pontife ! Quelle différence du gouvernement de Bonaparte et de celui du Directoire français ! Le Directoire ordonne au héros de l'Italie et à son digne compagnon d'armes (le général Alexandre Berthier), de traiter Pie VI en prisonnier de guerre ; l'un et l'autre éludent à cet ordre tyrannique, et respectent le chef de l'Eglise romaine (1).

A peine ces grands capitaines ont-ils quitté le sol de l'Italie, que le Directoire ordonne l'enlèvement de l'infortuné Pie VI : on le charge d'humiliations et on le fait voyager en prisonnier, sans égards, ni pour sa vieillesse, ni pour sa dignité.

A peine Bonaparte tient-il les rênes de l'Etat, qu'il ordonne l'érection d'un monument dans la ville de Valence, à la mémoire du vénérable Pie VI (9 nivose an VIII). Rome réclame les restes du Pontife ; Bonaparte les rends solemnellement : ils arrivent au Vatican le 15 fevrier 1801.

Aujourd'hui, NAPOLEON I.er met le sceau aux actes de justice et de vénération qu'il a rendus

____

(1) Le Maréchal Berthier a commandé aussi en chef l'armée d'Italie ; il est entré à Rome en vainqueur le 27 pluviose an VI (15 fevrier 1798).

envers le prédécesseur du souverain Pontife qu'il honore en ce moment ; et ce chef auguste de l'Eglise romaine va cimenter, par l'onction sainte, le pacte d'usage et nécessaire entre l'E-glise et le souverain de l'Empire français.

Honneur te soit donc rendu, *NAPOLÉON PREMIER* ! ton genie et ta bravoure, t'ont élevé à la première dignité de l'Empire Français ; ton ambition est bien louable, sans doute, puisqu'elle tourne au profit de l'Etat : tu as des ennemis, et longtems encore, tu en auras (il ne faut qu'être Souverain pour en avoir); mais le destin qui veille sur tes jours et sur les destinées de l'Empire déjouera toutes les menées odieuses du cabinet anglais ; tu vivras pour le salut de la France, tu jouiras du fruit de tes travaux immortels : et si par une fatalité commune à tous les hommes, les Parques coupaient trop tôt le fil de tes jours précieux, les vrais Français diront avec moi, il a assez vécu pour sa gloire, et pour le bonheur de son pays.

P. C. LECOMTE

Auteur de plusieurs ouvrages,
leur-ambulant aux Octrois de Paris.

De l'Imprimerie de SÉTIER, rue de la Harpe, n°. 117,
au ci-devant Collége d'Harcourt.

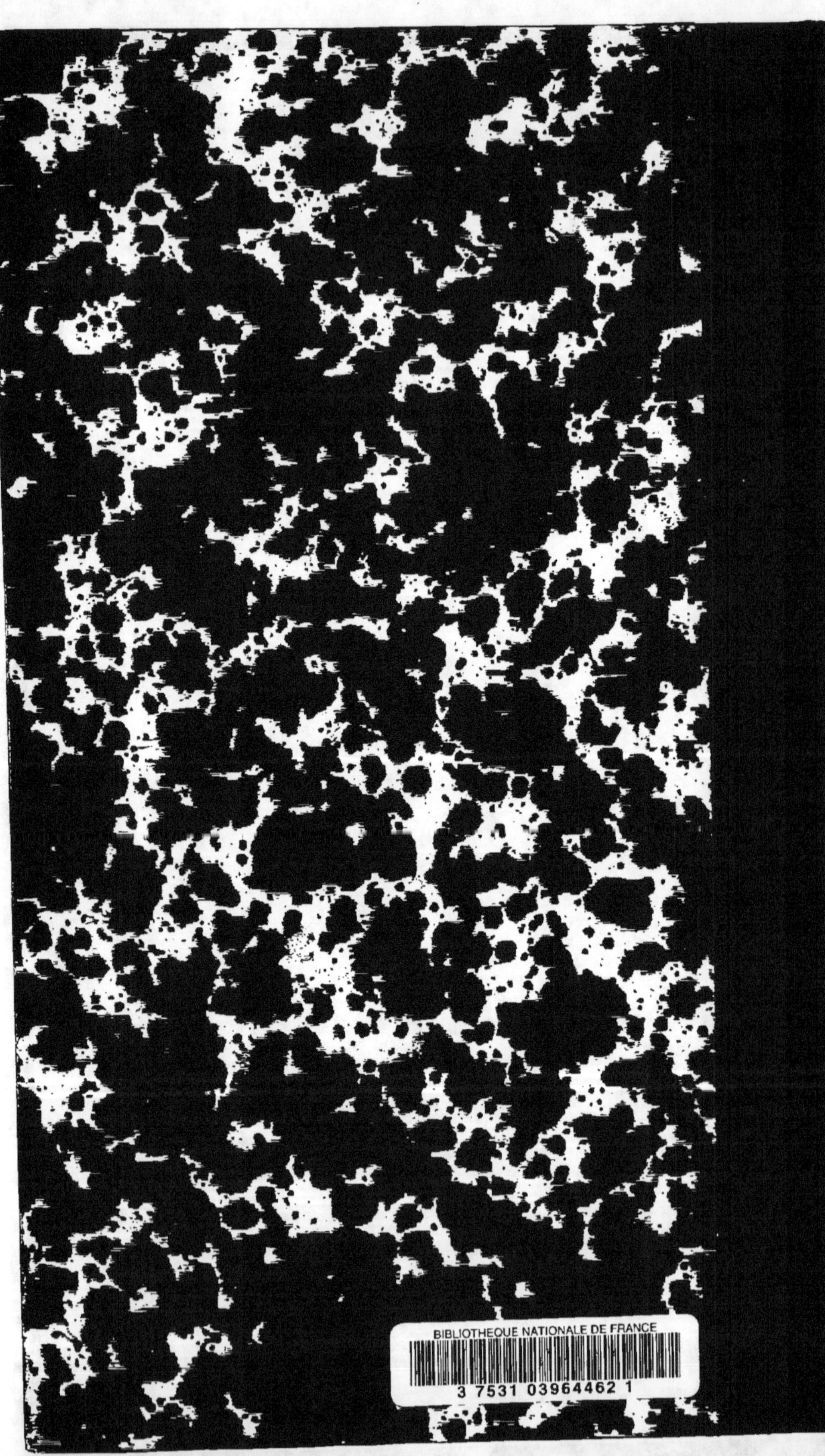
BIBLIOTHEQUE NATIONALE DE FRANCE
3 7531 03964462 1